Mae'r llyfr hwn yn eiddo i

....

I fy annwyl fab, Rian,
a'i ffrind gorau yn yr ysgol gynradd, Ryan Skelly.
Hyd yn oed yn bedair oed,
roedden nhw'n gwybod. L.H.A. MBE

I fy ngŵr, Curtly.
Diolch am y gefnogaeth, yr anogaeth,
y chwerthin a'r cwmni trwy'r
penwythnosau hir o weithio!

I fy mab, Kamsi.
Fe gyrhaeddaist ti jest mewn pryd, diolch am fod yma!
O. I.

Cyhoeddwyd gan Rily Publications Ltd. 2023
Blwch Post 257, Caerffili CF83 9FL
Hawlfraint yr addasiad © Rily Publications Ltd 2023

Addasiad: Mared Llwyd

www.rily.co.uk

Cyhoeddwyd gyntaf yn y DU yn 2021 dan y teitl *My Skin Your Skin* gan Ladybird Books,
rhan o grŵp Penguin Random House.
Gan Laura-Henry Allain MBE
Darluniau gan Onyinye Iwu
Hawlfraint © Ladybird Books Ltd, 2021

Argraffwyd yn China.

ISBN 978-1-80416-369-6

Mae cofnod catalog CIP o'r llyfr hwn ar gael gan y Llyfrgell Brydeinig.

Mae'r cyhoeddwr yn cydnabod cefnogaeth ariannol Cyngor Llyfrau Cymru.

Cedwir pob hawl.

Gwerthir y llyfr hwn yn unol â'r amodau a ddilyn. Ni chaiff, drwy fasnach neu
ddull arall, ei fenthyg ei logi na'i ddosbarthu mewn unrhyw fodd mewn unrhyw lun
ar rwymiad neu glawr ac eithrio'r hyn a gyhoeddwyd yn wreiddiol.

Ni chaniateir i unrhyw ran o'r cyhoeddiad hwn gael ei atgynhyrchu, ei storio
mewn system adferadwy na'i drosglwyddo mewn unrhyw ffurf na thrwy unrhyw
ddull (electronig, mecanyddol, llungopïo, recordio na fel arall) heb ganiatâd
ysgrifenedig ymlaen llaw gan y cyhoeddwr gwreiddiol.

Rydyn ni i gyd yn wahanol.

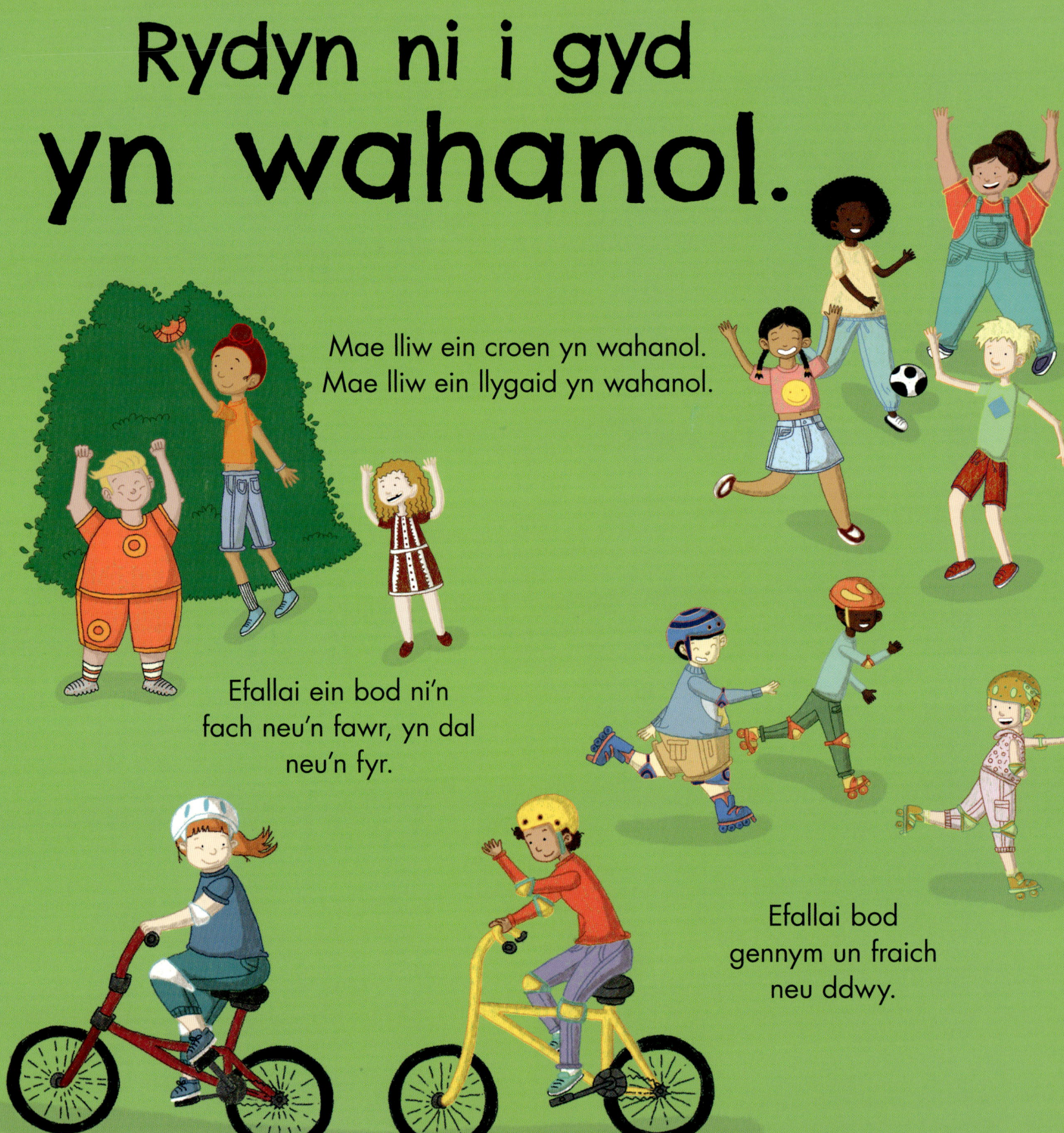

Mae lliw ein croen yn wahanol.
Mae lliw ein llygaid yn wahanol.

Efallai ein bod ni'n fach neu'n fawr, yn dal neu'n fyr.

Efallai bod gennym un fraich neu ddwy.

Meddylia am yr holl bobl rwyt ti'n eu hadnabod, fel dy deulu, ffrindiau ac athrawon. Sut maen nhw'n wahanol i'w gilydd?

Mae ein gwahaniaethau yn ein gwneud ni'n anhygoel!

Mae hi'n hwyl trafod a dathlu ein gwahaniaethau gyda'n ffrindiau.

Efallai ein bod yn Foslemiaid neu'n Fwdhyddion neu'n Gristnogion neu'n Iddewon neu'n Hindwiaid, neu efallai nad oes gennym grefydd o gwbl.

Mae gyda ni'n dwy wallt brown, ond mae fy un i'n fyr a syth, ac mae dy un di'n gyrliog.

Cafodd dy rieni di eu geni yng Nghymru, ond mae fy mam i'n dod o St Lucia, ac mae fy nhad yn dod o'r Alban.

Efallai ein bod yn byw gyda mam a thad, dwy fam, nain neu daid neu mewn teulu maeth.

Bydd **yn falch** o'r hyn sy'n dy wneud di'n wahanol. Bydd hyn yn helpu pobl eraill i rannu eu gwahaniaethau a bod yn falch, hefyd.

Beth sy'n dy wneud di'n anhygoel?

Dywedir yn aml bod pobl sy'n rhannu'r un lliw croen yn rhan o'r un hil. Mae gan bobl o'r un hil wefusau neu lygaid siâp tebyg hefyd yn aml.

Dim ond ffordd o grwpio pobl gyda'i gilydd yw'r gair **hil** – dydy e ddim yn golygu bod pawb yn y grŵp hwnnw yr un fath, hyd yn oed os oes gyda nhw groen lliw tebyg neu wefusau neu lygaid siâp tebyg.

Fe ddylet ti fod yn falch o liw dy groen, dy wefusau, dy wallt a phob rhan ohonot ti.

Rwyt ti'n anhygoel.

Ein **diwylliant** yw'r ffordd rydyn ni'n gwneud pethau gyda'n gilydd. Mae'n wahanol i'n hil. Mae gwahanol ddiwylliannau yn gwneud y byd yn fwy, yn well ac yn fwy cyffrous.

Mae'r byd yn llawn pobl o wahanol hiliau. Dyma sy'n gwneud y byd mor ddiddorol ac yn gymaint o hwyl!

Unwaith rydyn ni'n gwybod bod sawl gwahanol hil, gallwn ni ddechrau eu trafod nhw. Mae rhai pobl yn teimlo'n anghyfforddus yn trafod hil, ond does dim angen i **ni** deimlo felly.

Mae fy ffrind yn Ddu.

Mae fy nghefnder yn wyn.

Mae fy mam o Tsieina, ac mae fy nhad o Ghana.

Pa liw yw dy groen di? Wyt ti'n adnabod llawer o bobl sydd o hil wahanol i ti, neu ambell un, neu neb o gwbl?

Beth yw hiliaeth?

- Fe ddechreuodd **hiliaeth** amser maith yn ôl pan oedd pobl wyn eisiau cael mwy o **reolaeth** dros bobl eraill oedd ddim yn wyn.

- Mae hiliaeth yn ymwneud â systemau mewn **cymdeithas** sydd wedi eu gwreiddio'n ddwfn ac sy'n ymwneud â **phŵer**.

- **Hiliaeth** yw trin rhywun mewn ffordd **gas** oherwydd eu **hil**.

- Dydy hiliaeth ddim bob amser yn golygu galw enwau ar bobl; mae hefyd yn ymwneud â'r ffordd mae pethau'n cael eu gwneud er mwyn **rhwystro** pobl sydd ddim yn wyn rhag bod yn **gyfartal**.

- Enghraifft o **hiliaeth** yw pan fydd pobl wyn yn credu eu bod nhw'n well na phobl o hil arall, ac yn trin pobl sy'n Ddu, neu o dras de Asia neu dras dwyrain a de-ddwyrain Asia, er enghraifft, mewn ffordd **gas**.

- Enghraifft arall o hiliaeth yw pan fydd **sefydliad**, fel ysgol, yn cael ei **reoli** gan bobl wyn yn unig, a neb sy'n Ddu neu o dras de Asia, dwyrain neu de-ddwyrain Asia, gan ddweud bod hynny oherwydd nad oedden nhw'n medru dod o hyd i unrhyw un arall oedd yn ddigon da i'r swydd.

Dydy hiliaeth **DDIM YN IAWN.**

Dydy hi **BYTH YN IAWN** i fod yn hiliol.

Dydy hi **DDIM YN IAWN** i rywun drin rhywun arall yn wahanol oherwydd ei hil.

Dydy hi **DDIM YN IAWN** i rywun feddwl eu bod nhw'n well na rhywun arall oherwydd ei hil.

Os wyt ti'n clywed plentyn arall yn ymddwyn yn hiliol, fe ddylet ti ddefnyddio dy lais uchel i ddweud wrthyn nhw:

Dydy hynny ddim yn iawn!

Os oes ofn arnat ti, gallet ti ddweud wrth riant, athro neu oedolyn sy'n arbennig i ti ac sy'n gwneud i ti deimlo'n ddiogel. Dwed wrthyn nhw, "Fe glywais i rywun yn ymddwyn yn hiliol." Gallan nhw dy gefnogi di.

Gall pobl fod yn hiliol yn unrhyw le ...

gartref

neu yn yr ysgol,

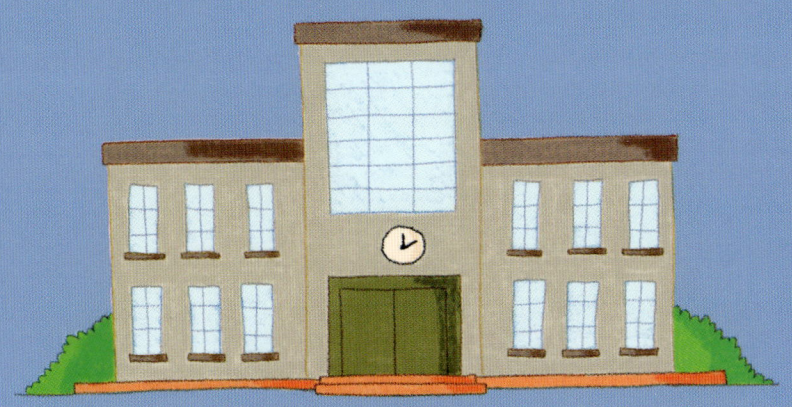

mewn man addoli

neu mewn siop.

Gallan nhw fod yn hiliol trwy'r hyn maen nhw'n ei ddweud neu'r ffordd maen nhw'n ymddwyn.

Mae rhai pobl yn fwy hiliol tuag at grwpiau penodol. Er enghraifft, mae ymddygiad hiliol tuag at bobl Ddu yn benodol yn cael ei alw'n hiliaeth yn erbyn pobl Ddu.

Dydy hi BYTH YN IAWN i fod yn hiliol.

Dydy peidio cynnwys rhywun mewn gêm oherwydd ei hil ...

ddim yn iawn.

Dydy bod yn gas ynglŷn â'r math o wallt sydd gan rywun ...

ddim yn iawn.

Dydy dweud bod dol Ddu yn hyll …

Dydy galw enw ar rywun oherwydd ei hil …

Gall pobl fod **beth bynnag** maen nhw'n dymuno bod.

Does gan hil **ddim** i'w wneud â'r hyn y gall rhywun ei gyflawni.

Gall unrhyw un fod yn …

Sut allai person deimlo pan fydd rhywun yn ymddwyn yn hiliol tuag atyn nhw?
Gallen nhw deimlo …

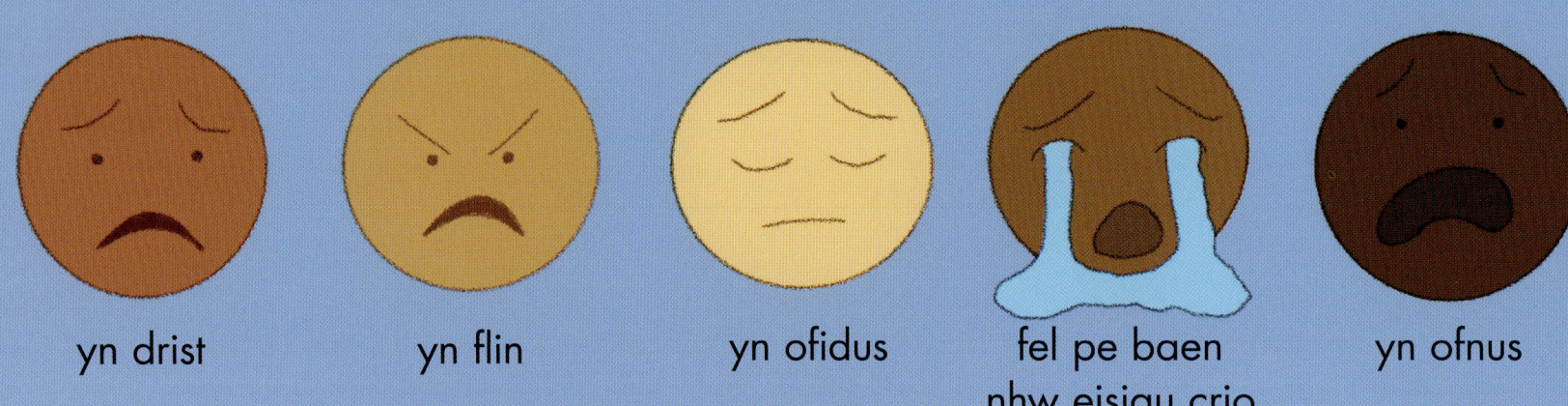

yn drist   yn flin   yn ofidus   fel pe baen nhw eisiau crio   yn ofnus

Mae hi'n iawn i deimlo fel hyn pan fydd rhywun yn ymddwyn yn hiliol tuag atat ti. Os yw hyn yn digwydd, fe ddylet ti ddweud wrth oedolyn rwyt ti'n ymddiried ynddyn nhw bob amser.

Oes rhywun erioed wedi bod yn gas tuag atat ti oherwydd dy hil?

Sut oedd hynny'n gwneud i ti deimlo?

Wyt ti erioed wedi bod yn gas tuag at rywun oherwydd ei hil?

Sut wyt ti'n meddwl y gwnaeth hynny iddyn nhw deimlo?

Oes unrhyw un erioed wedi bod yn gas tuag at dy ffrind, oherwydd eu hil?

Sut wyt ti'n meddwl y gwnaeth hynny iddyn nhw deimlo?

Os oes rhywun yn ymddwyn yn hiliol tuag atat ti, **nid** dy fai di yw hynny.

Cofia, mae pob un ohonom ni yn arbennig, ac ni ddylai neb gael eu trin yn wael oherwydd lliw eu croen.

Fe ddylem ni ddathlu ein gwahaniaethau!

Rydym ni **i gyd** yn cael ein geni â chroen prydferth.

Dydyn ni **ddim** yn cael ein geni yn hiliol.

Mae hiliaeth yn aml yn digwydd pan mae person yn copïo geiriau neu weithredoedd hiliol rhywun arall.

Dydy hynny ddim yn iawn.

Dyma sut mae hiliaeth yn parhau.

Dydy hynny ddim yn iawn.

Gallwn ni roi stop ar hiliaeth.

Dyna sy'n iawn.

Efallai y byddi di'n clywed rhywun yn bod yn hiliol amdanat ti neu tuag atat ti.

Efallai y byddi di'n gweld rhywun yn ymddwyn yn hiliol tuag at rywun arall.

Mae'n rhaid i ti ddweud wrth oedolyn. Gallai fod yn riant, yn athro, neu'n unrhyw oedolyn sy'n arbennig i ti.

Dydy hi **BYTH YN IAWN** i rywun ymddwyn yn hiliol tuag atat ti na neb arall.

Dydy hi **BYTH YN IAWN** i ti ymddwyn yn hiliol tuag at bobl eraill.

Bwlio ydy hiliaeth.

Mae hiliaeth yn gwneud pobl eraill yn anweledig.

Mae hiliaeth fel taro rhywun.

Dydy hiliaeth ddim yn iawn!

Yn anffodus, mae hiliaeth yn broblem ar draws y byd.

Mae'n broblem fawr ac anodd.

Mae wedi bodoli ers blynyddoedd maith.

Fedri di ddim cael gwared ar hiliaeth ar dy ben dy hun.
Byddai angen i bawb yn y byd roi'r gorau i fod yn hiliol.

Ond os wyt ti'n dysgu sut i adnabod hiliaeth a chodi dy lais pan fyddi di'n ei weld yn digwydd, rwyt ti eisoes yn helpu i roi stop arno. Yr enw ar hyn yw bod yn **wrth-hiliol**.

Mae hi'n bwysig bod yn garedig a pharchu pobl eraill. Ond mae bod yn wrth-hiliol yn golygu llawer mwy na hynny. Mae'n golygu defnyddio ein llais i siarad pan fyddwn ni'n gweld rhywun yn ymddwyn yn hiliol. Mae'n golygu darllen llyfrau am bobl o wahanol hiliau. Mae'n golygu gwneud ffrindiau gyda phobl eraill o sawl gwahanol hil.

Trwy gymryd amser i ddod i adnabod ein ffrindiau newydd, gallwn ddysgu mwy am eu bywydau nhw. Bydd hyn yn ein helpu i ddeall nad yw un hil yn well nag un arall – dim ond yn wahanol.

Yn tydyn ni'n lwcus ein bod ni'n adnabod cymaint o bobl sy'n wahanol i ni?

Mae cymaint y gallwn ni ei wneud er mwyn atal hiliaeth rhag lledaenu.

Yn fwy na dim, fe ddylem ni **ddathlu** ein gwahanol hiliau a diwylliannau. Pan fyddwn ni'n gwneud hyn …

… rydyn ni'n dysgu syniadau newydd.

… rydyn ni'n gwneud ffrindiau newydd.

… rydyn ni'n dathlu gwyliau newydd.

… rydyn ni'n bwyta bwydydd newydd.

… rydyn ni'n dysgu geiriau newydd.

… rydyn ni'n darganfod bod pobl o wahanol hiliau a diwylliannau wedi creu gwrthrychau a syniadau a newidiodd y ffordd rydyn ni'n gwneud pethau bob dydd.

Mae cymaint i'w ddathlu yn y byd arbennig hwn.

Geirfa

hiliaeth yn erbyn pobl Ddu
math o hiliaeth sydd ond yn targedu pobl Ddu

gwrth-hiliol
cymryd camau cadarnhaol er mwyn helpu i roi stop ar hiliaeth

bwlio
brifo rhywun yn fwriadol dro ar ôl tro, naill ai'n gorfforol neu'n emosiynol, neu'r ddau

diwylliant
y ffordd mae grŵp o bobl yn byw, yn cynnwys eu harferion a'u credoau

hil
term sy'n grwpio pobl yn ôl lliw eu croen a'u nodweddion

hiliaeth
teimlo neu ymddwyn yn wael tuag at rywun oherwydd ei hil, neu gredu bod pobl wyn yn well na phobl o hiliau eraill

hiliol
ymddwyn yn wael tuag at rywun arall oherwydd ei hil, neu gredu bod un hil yn well nag un arall.

Cwestiynau

Dyweda wrtha i am liw dy groen di.

Beth sy'n gwneud dy deulu di yn unigryw?

Pa wyliau arbennig rwyt ti a dy deulu yn eu dathlu?

Nodyn i oedolion sy'n darllen y llyfr hwn

Mae'r llyfr hwn yn bwynt cychwynnol ar gyfer trafod hil, hiliaeth a grymuso. Mae'r sgyrsiau hyn yn allweddol. Mae bod yn wrth-hiliol yn hanfodol.

Dyma rai pethau y gallech chi eu gwneud er mwyn cefnogi plant ifanc i fynd i'r afael â hiliaeth:

- Gwnewch restr o ymddygiadau sy'n annerbyniol. Gallai'r rhestr gael ei hychwanegu at restr o werthoedd teuluol neu werthoedd yr ysgol.

- Ystyriwch eich rhagfarnau a'ch ymddygiad chi eich hun yn y gorffennol. Mae angen i ni fyfyrio ynghylch y gorffennol er mwyn symud ymlaen.

- Helpwch eich plentyn i ddatblygu hunan-werth da. Ni fydd hyn yn rhoi stop ar hiliaeth, ond mi fydd yn eu helpu nhw i fod yn falch o'u hunaniaeth. Ceisiwch ddefnyddio cardiau datganiadau dyddiol, gyda negeseuon fel "Mae dy groen di'n brydferth" a "Rwyt ti'n arbennig".

- Casglwch ystod o deganau, gan gynnwys doliau a ffigyrau o wahanol hiliau a diwylliannau. Gwyliwch eich plentyn wrth iddyn nhw chwarae. Ydyn nhw'n cynnwys doliau Du ac Asiaidd yn eu chwarae, er enghraifft? Os na, dewiswch un ac ymunwch yn y chwarae.

- Trafodwch a rhannwch, lle bo'n briodol, anghyfiawnderau sydd wedi digwydd yn y byd.

- Peidiwch byth â diystyru profiadau eich plentyn o hiliaeth, pa un ai eu bod nhw wedi ei brofi eu hunain neu wedi ei weld yn digwydd i rywun arall. Dydy dweud wrthyn nhw am beidio â phoeni neu anwybyddu bwlis ddim yn helpu. Helpwch nhw i ddeall nad oes bai arnyn nhw, ac anogwch nhw i archwilio eu teimladau trwy ddefnyddio geiriau.

Rydw i'n wych.

Mae fy nghroen i'n brydferth.

Rydw i'n unigryw.

Mae **Laura Henry-Allain MBE** yn arbenigwr addysg gynnar arobryn rhyngwladol, yn awdur ac yn grëwr cyfryngau i blant sy'n gweithio gyda Blynyddoedd Cynnar Cymru i gynghori Llywodraeth Cymru ar hiliaeth.

Mae **Onyinye Iwu** yn ddarlunydd ac awdur o Nigeria. Cafodd ei geni yn yr Eidal, lle treuliodd ei phlentyndod, cyn symud i'r DU. Mae Onyinye yn mwynhau darllen llyfrau a llunio patrymau.

Hoffai'r awdur ddiolch i Liz Pemberton, sy'n cael ei hadnabod fel The Black Nursery Manager, a Dr Eunice Lumsden, Pennaeth y Blynyddoedd Cynnar ac Athro Cyswllt ym Mhrifysgol Northampton.